# LA COQUETTE

## *PUNIE,*

## COMÉDIE.

# LA COQUETTE

## *PUNIE,*

## COMÉDIE

### *EN UN ACTE*

### *ET EN VERS;*

Par Madame Bourette, ci-devant la Muse-Limonnadiere.

## *A PARIS,*

Chez J.-Fr. Bastien, Libraire, rue du Petit-Lion, Fauxbourg S.-Germain ;

## *Et a Versailles,*

Chez Sévere Dacier, Libraire de MM. les Gardes du Corps du Roi, rue du Vieux-Versailles.

M. DCC. LXXIX.

# ACTEURS.

LUCILE, *Coquette.*

CAMILLE, *Amie de Lucile.*

VALERE, *Amant de Lucile, aimé de Camille.*

LE COMTE, *Amant de Lucile, aimé d'Ismene.*

ISMENE, *Amante du Comte.*

PASQUIN, *Valet de Valere, sous le nom d'un Baron Allemand.*

*La scene est à Paris.*

# LA COQUETTE
## *PUNIE,*
## COMÉDIE.

### *SCENE PREMIERE.*
### VALERE, PASQUIN.

#### PASQUIN.

Vous quittez donc, Monsieur, sans avoir l'ame en deuil,
Ce bel objet rusé qui vous donnoit dans l'œil ?

#### VALERE.

Oui, Pasquin, je ne veux la revoir de ma vie,
Tout ce qu'on m'a dit d'elle & de sa perfidie,
Me rend ma liberté, je prétends en jouir.

#### PASQUIN.

Faut-il de ce grand bien jamais se dessaisir ?
D'aimer ce sexe ingrat, le nôtre est par trop bête,
& l'amour n'est qu'un sot des pieds jusqu'à la tête.

A iij

### VALERE.

Oh! je laiſſe Lucile à qui voudra l'aimer,
J'ai pourtant un deſſein que je viens de former,
Quoique je ſois bien ſûr que ma flamme eſt trahie,
Je veux mettre en ſon jour toute ſa tromperie,
Tu ſais paſſablement écorcher le François,
Tu prendras aiſément un maintien bien épais,
Des propos ſans eſprit, & de lourdes manieres.

### PASQUIN.

Pas ſi facilement.... Vous ne me flattez guere.

### VALERE.

En un mot chez Lucile, en Baron Allemand,
Il te faut t'introduire.

### PASQUIN.

          Ah! ce deguiſement
Ne m'ira point du tout, ſi vous voulez m'en croire :
Je ne contreferois l'Allemand qu'à bien boire.

### VALERE.

Sous ce titre brillant, & ſous cet air guindé
Eſpere de Lucile un très-doux procédé,
L'infidelle eſt coquette, & tu ſauras lui plaire,
Je la vois, viens, ſa vue excite ma colere.

## SCENE II.

### LUCILE, CAMILLE.

#### LUCILE.

ME voilà de retour dans ce féjour charmant
Où je viens de revoir Valere mon amant,
Camille, il m'aime encor : fens-tu quelle eft ma joie !
Au plaifir le plus doux tout mon cœur eft en proie ;
Ce triomphe flatteur comblant ma vanité
Pour la gloire & l'amour quelle félicité !
Mon cœur en eft rempli.

#### CAMILLE.

    Je vous en félicite,
Rettouver un Amant, quand on craint qu'il nous quitte
Eft un bonheur fi grand pour un cœur bien épris,
Que la conftance feule en peut être le prix ;
L'amour de ce cher Comte excita cet orage.

#### LUCILE.

Je ne l'aimai jamais.

#### CAMILLE.

    Je fais bien qu'à votre âge
Le feul deffein de plaire engage à de faux pas,
Et caufe bien fouvent de dangereux éclats,
Sur-tout quand un Amant qu'on aime avec tendreffe
Vient pour nous reprocher cette feinte foibleffe,
L'on fe plaint, l'on s'aigrit, l'on fe cherche pourtant ;
Mais l'amour auffi gagne au raccommodement,
La vanité s'offenfe & l'ame eft fi confufe,
Que fans l'amour plus fort qui tout bas nous excufe,

A iv

L'on se repentiroit de ce retour heureux ;
Mais puisque le destin vous réunit tous deux,
Profitez-en, Madame, avec plus de sagesse,
C'est le conseil d'un cœur qui pour vous s'intéresse,
Valere est délicat.

### L U C I L E.

Valere peut changer,
Dès demain, s'il le veut ; je prétends me venger
De son ingratitude : il suffit pour ma gloire
De remporter sur lui cette heureuse victoire,
J'en ferai mon profit pour mieux l'humilier.

### C A M I L L E.

Vous le croyez en vain, pouvez-vous l'oublier ?
J'ai connu vos tourments, j'ai sur votre visage
Vu passer quelquefois plus d'un épais nuage ;
Camille, disiez-vous, Valere est généreux :
S'il connoissoit du moins mon désespoir affreux,
Il pourroit pardonner une Amante infidelle.

### L U C I L E.

Pourquoi, dans ce discours, me retracer, cruelle,
De mes égarements la source & le poison ?
Je sais qu'il eut le droit d'enivrer ma raison,
J'éprouvai tout, dépit, haine, soupçons, vengeance,
De le revoir encor la plus vive espérance,
Tous les maux à la fois ont investi ce cœur
Qui fut trop prévenu sans doute en sa faveur ;
J'idolâtrois l'ingrat.

### C A M I L L E.

Je ne puis vous comprendre
L'amour vous le ramene & plus vif & plus tendre.

### L U C I L E.

Ici depuis huit jours daigne-t-il m'approcher ?
Quoi ! n'a-t-il pas fallu moi-même le chercher ?

[ 9 ]

Il faut en convenir, je suis d'une imprudence
Qui pourroit désormais tirer à conséquence,
Si je n'avois déjà formé secrétement,
Le projet de m'unir avec un autre Amant.

CAMILLE, *avec un air méchant.*

Et pourroit-on savoir?

LUCILE, *avec vivacité.*

Un Baron d'Allemagne,
Charmant, vif & poli, que l'amour accompagne,
Pour nous aimer tous deux l'amour l'a fait exprès,
Vous en pourrez juger en le voyant de près.

CAMILLE.

Mais vous allez passer tout-à-fait pour coquette.

LUCILE.

C'est mon intention, quand on est ainsi faite,
Aux soins d'un seul Amant, borner tous ses plaisirs,
C'est perdre en vérité son temps & ses soupirs;
Mais je vois le Baron, adieu chere Camille,
Je te redirai tout.

---

## SCENE III.

## LE BARON, LUCILE.

LE BARON *parlant à Lucile, & regardant
Camille qui s'en va.*

Elle est ma foi gentille,
Madame, est-elle à vous cette charmante fille?

**LUCILE.**

C'eſt une tendre amie.

**LE BARON.**

Elle n'eſt pas ſi mal.

**LUCILE.**

Si vous voulez : mais pour l'humeur c'eſt un cheval,
Babillarde à l'excès, revêche, ſermonneuſe ;
Et d'ailleurs, entre nous, elle eſt un peu boiteuſe.

**LE BARON.**

Que l'univers entier ſoit, s'il le veut, jaloux,
Jamais je ne vis rien d'auſſi parfait que vous.

**LUCILE.**

Je le ſais bien, Baron : malgré cet avantage,
J'ai déjà de l'amour reçu plus d'un outrage ;
Pour l'en punir enfin, à vos ſoins je me rends,
Peut-être ici tantôt vous verrez deux Amants
Etaler de leurs cœurs le ſentiment bizarre,
Quand ils ſauront le ſort que le mien leur prépare.

**LE BARON.**

Ils ſeront bien piqués.

**LUCILE.**

Voilà ce que je veux,
Ils m'ont prêché long-temps un ſilence ennuyeux ;
Le Public ſauroit-il que mon bonheur extrême
N'a jamais dépendu de trouver ce que j'aime,
Attentif à me plaire & qu'ayant répondu
A l'hommage touchant que j'en avois reçu,
C'étoit bien moins l'amour, que la flatteuſe envie
D'enlever un Amant à ma meilleure amie

Qui m'infpiroit : le Comte alors par fon ardeur
De la crédule Ifmene avoit touché le cœur :
L'on en parloit déjà, je cours en diligence,
Et le flatte fi bien que fur cette apparence
Il abandonne Ifmene & la laiffe aux abois,
J'ai vu fes yeux de pleurs noyés cinq ou fix fois.
Voilà comme au Public on impofe, on imprime
Des refpects, des égards.

LE BARON.

Peu fondés fur l'eftime.

LUCILE.

Baron, vous le croyez, eh bien! de toutes parts
J'ai vu depuis ce temps fur moi tous les regards.
Oh! la voilà, dit-on, quelle eft charmante & belle!
L'amour pour l'embellir a répandu fur elle
Tout ce qui peut flatter & le cœur & les yeux,
Mille échos différents m'élevent jufqu'aux Cieux :
Encor un coup d'éclat fur tout ce qui refpire,
Par la crainte & l'amour j'établis mon empire.
C'en eft fait, aujourd'hui je les quitte tous deux.

LE BARON.

Eft-ce affaire conclue ?

LUCILE.

Oh! je vous réponds d'eux ;
Mais pourroit-on favoir combien je vous fuis chere,
Dans le deffein fecret de tourmenter Valere,
Et de faire expirer le Comte de langueur.
De rage, de dépit, de honte & de douleur.

LE BARON.

Laiffons là les rivaux & cette fantaifie,
L'amour-propre outragé tient bien de la folie.

### LUCILE.

Vous craignez des rivaux, vous vous moquez, Baron;
Vous êtes trop aimable & formé de façon
A devoir defirer.....

### LE BARON.

De vous rendre fenfible
Je borne tous mes vœux à ce bonheur paifible,
Valere fut aimé, Valere eft dangereux,
Le Comte l'eft autant, puifqu'il eft amoureux.
Tous ces foupçons cruels empoifonnent la vie.

### LUCILE.

Eh bien ! mon cher Baron, je vous les facrifie ;
Et pour vous mieux prouver à quel point je les hais,
Recevez aujourd'hui leurs lettres, leurs portraits :
Tous ces gages trompeurs font remplis d'impofture,
Je les mets dans vos mains pour venger mon injure.
Prenez auffi le mien comme un gage flatteur
Du pouvoir qu'à jamais vous aurez fur mon cœur,
Après tant de bienfaits, douterez-vous que j'aime ?

### LE BARON.

Si j'en doute jamais..... je veux à l'inftant même
Expirer à vos pieds..... ici trop foiblement
Je puis vous exprimer.

### LUCILE.

Oh, point d'emportement !
Vous favez, cher Baron, qu'une femme qui caufe
Et qui fait nos fecrets toujours nous en impofe.
Camille va venir, partez, mais que l'amour
Vous ramene en ces lieux avant la fin du jour.

### LE BARON.

Je ferois trop injufte en vous preffant encore,
Je vous quitte, Madame, & mon cœur vous adore ;
Partagez avec moi ce tourment rigoureux.

## SCENE IV.

### LUCILE *seule.*

LE voilà donc parti, ma foi, bien amoureux;
Est-il un fort plus doux, plus brillant dans la vie,
Que celui d'une femme agréable & jolie?
Que les hommes font fous! un coup-d'œil au hafard
En fait de vrais captifs pour parer notre char;
Mais d'un pouvoir fi grand, dans le fiecle où nous fommes,
Je faurai profiter pour me moquer des hommes.
Camille ici s'avance, il faut la prévenir.

## SCENE V.

### LUCILE, CAMILLE.

#### LUCILE *à Camille.*

ARRIVEZ, chere amie; & lifez le plaifir
Que j'ai de vous revoir : une chaîne nouvelle,
Le plus tendre deftin, Camille, encor m'appelle;
J'ai féduit le Baron, il eft dans mes filets,
Ah! qu'il va bien fervir mon cœur & mes projets,
Quand ce nouvel amour fera fu de Valere.

#### CAMILLE.

Quoi! vous irez toujours de chimere en chimere,
Lucile, nos beaux jours volent rapidement,
Quand l'âge nous ravit de fi doux agréments,

Les regrets restent seuls : sortez de cette ivresse,
Il en est temps encor, c'est moi qui vous en presse.
Les plaisirs qu'on s'acquiert aux dépens de l'honneur,
Laissent un vuide affreux, comblent notre malheur.
Prévenez du mépris la maligne influence,
Faites-vous des amis, dont la tendre indulgence
Fasse couler vos jours dans un repos heureux ;
Si d'abord cet état paroît trop ennuyeux,
L'on en est bien payé par la douceur extrême
Dont on jouit sans cesse en régnant sur soi-même.

### L U C I L E.

Que de simplicité ! quoi ! vous pouvez penser
Que les beaux jours ainsi sont faits pour se passer !
Faut-il les voir couler dans la triste contrainte ?
D'un rigoureux devoir imposé par la crainte,
Et voir tous les plaisirs rassemblés dans autrui ?
Tant pis pour tous les gens que le bonheur a fui ;
J'en connois mieux le prix, je me moque du monde
Qui voudroit m'entraîner dans cette nuit profonde.
Pour le plaisir enfin mon cœur est prévenu,
Il plaint sincérement le sot qui l'a perdu.

### C A M I L L E.

Fort bien ! mais depuis peu vous voilà bien savante.

### L U C I L E.

Le véritable honneur d'une femme charmante
Est d'avoir à sa suite une foule d'Amants,
De savoir avec art en amuser deux cents,
De courir avec eux le Bal, la Comédie,
De paroître à la fois raisonnable, étourdie,
Sans en jouir, peut-être, affecter le bonheur ;
Et fasciner les yeux par un dehors trompeur.
C'est ainsi désormais que je vais me conduire,
Le Public, à son gré, pourra s'il veut médire ;
Je consulte à la fois mon goût, ma vanité,
Ce sont là les seuls biens dont mon cœur soit flatté :
Que ce jaloux Public ou me blâme, ou m'estime,
Je veux pour mon plaisir suivre cette maxime.

### CAMILLE.

Que de remords bientôt naîtront de votre erréur !

### LUCILE.

Je ne veux point d'Ismene imiter la langueur,
Vous connoissez combien sa douleur est profonde,
Elle a pourtant, dit-on, les plus beaux yeux du monde.
Que du Comte souvent ils ont pleuré l'ardeur !
Avec quel air aisé je lui volai son cœur !

### CAMILLE.

Applaudissez-vous-en, la nouvelle aventure
Que vous tramez ici guérira sa blessure ;
Car son perfide Amant apprenant aujourd'hui
Que votre cœur léger ne sent plus rien pour lui,
Reprendra ses liens, & pour fléchir Ismene
Fera quelque démarche.

### LUCILE.

     Elle seroit très-vaine ;
Il est ensorcelé.

### CAMILLE.

    Mais quoi ! si dans ce jour
Il reconnoît ses torts.

### LUCILE.

     Un si triste retour
Le fera détester, oh ! que je le méprise !
Que nous allons bientôt rire de sa surprise !
Il a quelque sujet de penser autrement,
C'est un fort bon garcon, à parler franchement ;
Mais il a la fureur de me parler sans cesse.
Que de soins, de langueurs, de flammes, de tendresse !
Ce discours me rend sombre, & ce ton m'engourdit ;
Quand je le vois deux jours, j'en suis trois sans esprit.

### CAMILLE.

Voilà le fort de l'un décidé ; pour Valere,
Que lui réfervez-vous ?

### LUCILE.

    Ce n'eft plus un myftere,
Je veux que le Baron fur mes pas en tous lieux
Adoré, préféré, préfente à tous les yeux
De fon cœur fatisfait la peinture riante,
Et que de fon bonheur l'image raviffante,
Pour venger mon injure & combler tous mes vœux
Porte au cœur de Valere un défefpoir affreux.

### CAMILLE.

N'appréhendez-vous pas qu'épris pour la Marquife,
Un procédé fi vif enfin ne l'autorife
A rechercher encor un bien fi précieux ?
L'on m'a fait preffentir qu'elle étoit en ces lieux.

### LUCILE.

Eh ! qu'elle y foit ou non, il ne m'importe guere ;
Je punirai l'Amant par un mépris fincere,
Cela me fuffira.

---

## SCENE VI.

### LUCILE, CAMILLE, LE COMTE.

### LUCILE.

**A**H ! cher Comte, bon jour,
N'allez pas m'étourdir encor de votre amour,
Il m'ennuie à périr.

### LE COMTE.

En vérité, Madame,
Quand on vous porte un cœur qui tous les jours s'enflamme,
         L'on

L'on devroit se flatter qu'un accueil gracieux;
Digne prix d'une ardeur

L U C I L E.

      Des Amants langoureux
Je connois le refrein, jamais ne vous défaire
De ce triste maintien, de ce propos vulgaire !
Je n'y saurois tenir, allez gémir ailleurs,
Tant de sombres objets me donnent des vapeurs.

L E  C O M T E.

Quoi ! vous aimer, Madame, est-ce donc une offense ?

L U C I L E.

Non pas, mais dans ce jour c'est moi qui vous dispense
Du soin que vous prenez de m'en entretenir.

L E  C O M T E.

À cet arrêt cruel je ne puis consentir,
Et quoi que vous disiez, je ne crois pas possible
Qu'après tant de bontés vous soyez insensible ;
C'est pour vous amuser que vous prenez ce ton.

L U C I L E.

Et non, en vérité, je le dis tout de bon,
Si vous parlez jamais de tourment, de martyre,
J'éloignerai si bien l'espoir qui vous inspire
Que vous n'oserez plus....

L E  C O M T E.

      Eh bien ! je vous promets
Puisque vous l'ordonnez, de n'en parler jamais,
Cependant cette loi me paroîtra bien dure.

L U C I L E.

Hé bien, Monsieur, encor !

L E  C O M T E.

      Madame, je vous jure

B

### LUCILE.

Oui, pour moi déformais il faut vous contenir
Dans un respect si grand au-dessus du desir.

### LE COMTE.

Madame, le peut-on ? que ma douleur est vive !

### LUCILE.

Dites encor deux mots, à son comble elle arrive.

### LE COMTE.

Le joug qui m'affervit, peut-on l'imaginer ?

### LUCILE.

A m'en parler toujours, c'est trop vous obstiner,
Apprenez donc, Monsieur, aujourd'hui par ma bouche
Que votre amour pour moi bien foiblement me touche,
Je ne vous aime point, est-ce parler François ?
Je fais bien plus, Monsieur, je crois que je vous hais,
Si je vous ménageai, c'étoit pour vous instruire
Qu'un amant qu'on enleve, est peu fait pour séduire ;
Ismene un jour ou deux parut m'inquiéter,
Son triomphe fut court, je puis bien m'en vanter.
Vous crûtes bonnement qu'à vos desirs propice,
J'allois dans peu remplir l'objet du sacrifice,
Vous vous êtes trompé, je lui rends votre cœur.

( *Elle fort* ).

---

## SCENE VII.

## LE COMTE, CAMILLE.

### LE COMTE.

PEUT-ON quitter quelqu'un avec ce ton moqueur ?
O Ciel !

### CAMILLE.

Eh bien, Monsieur !

### LE COMTE.

Est-ce que je sommeille ?

### CAMILLE.

Je n'en fais rien, mais moi, bien sûrement je veille.

### LE COMTE.

De quel affront Ismene on m'accable aujourd'hui
Mais j'ai trop mérité que l'on me traite ainsi,
Il falloit cette injure à mon cœur infidele.

### CAMILLE.

Tirez de cet outrage une force nouvelle,
Saisissez ce moment, un peu de fermeté
Saura bien la punir de tant de vanité ;
Ce composé trompeur & d'esprit & de vice
Ne fait plus se montrer sans art & sans caprice :
Cent objets différents suspendent son esprit,
Et le dernier qui vient, sûrement le remplit.
Vaine, dissimulée, infidelle, coquette,
De son propre plaisir seulement inquiete,

B ij

Méprisant l'univers, quand son cœur satisfait
Rencontre en ses mépris le plus foible intérêt.
Voilà depuis six mois l'heureuse expérience
Que dans ce nœud maudit a fait ma complaisance.

### LE COMTE.

Pouvois-je le penser, Camille, dans un jour
Oublier tant de soins, de tendresse & d'amour ?

### CAMILLE.

Cher Comte, profitez de ce conseil utile,
Je dois vous le donner, l'usage en est facile.
Ne la voyez jamais, c'est l'unique moyen
De trouver dans vos maux la source du vrai bien ;
Le danger de l'amour par-tout se renouvelle,
Et de ce feu vainqueur une foible étincelle
Suffit pour déranger les plus fermes projets,
Ismene vous attend plus tendre que jamais.

### LE COMTE.

Puis-je m'y présenter ? ma bouche criminelle
Conduite par Lucile, a répandu sur elle
Le venin le plus noir, & le moins mérité.

### CAMILLE.

L'orgueil de sa rivale avoit tout apprêté.

### LE COMTE.

Je n'ouvre point les yeux sur ma conduite affreuse,
Sans un vrai repentir elle est trop odieuse,
Pour ne pas inspirer de sinceres remords,
Et déjà mes regrets ont égalé mes torts ;
Mais ce n'est pas assez, la douleur qui m'accable ;
Exige encor ici.,...

### CAMILLE.

Ce retour estimable

Saura tout réparer, & de ce pas, Monsieur,
Je m'en vais l'engager à vous rendre son cœur.

LE COMTE.

Ah ! souffrez qu'à vos pieds.

CAMILLE.

Allez, partez, vous dis-je ;
Je ne veux rien du tout lorsque je vous oblige,
Que le plaisir réel de pouvoir vous prouver
Que dans votre bonheur le mien croit se trouver.

## SCENE VIII.

### CAMILLE *seule*.

DU sort de ces amants je suis dépositaire
Sans trop savoir comment conduire cette affaire,
Profitons-en d'abord pour mon contentement,
Pour rappeller le Comte à son premier penchant,
Et nous venger enfin d'une Coquette insigne ;
Peut-être qu'à son tour Valere sera digne
D'un cœur que pour lui seul j'ai toujours conservé :
Mais Ismene s'avance, & son air réservé
Annonce la douleur qui regne dans son ame.

## SCENE IX.

### CAMILLE, ISMENE.

#### CAMILLE *à Ismene*.

JE m'occupois de vous, & vous cherchois, Madame.

ISMENE.

Vous m'en voyez surprise & quel est le motif
Qui peut vous engager ?

CAMILLE.

Le penchant le plus vif,

Un intérêt pour vous bien vrai, bien légitime,
Que ma bouche vous jure, & que fonde l'estime.
Je viens d'entretenir le Comte quelque temps :
Jadis il fut l'objet de vos doux sentiments ;
Mais par une inconstance, incroyable & bizarre,
Il perdit tout le fruit d'un bien si doux, si rare,
Et n'en connut le prix qu'après l'avoir perdu.

### I S M E N E.

C'est un léger malheur pour un cœur prévenu.

### C A M I L L E.

Je ne viens point ici par de vaines paroles
Exposer sous vos yeux des sentiments frivoles ;
Je viens solliciter la grace d'un amant
Qui ne s'est démenti qu'une fois foiblement ;
Plein de respect pour vous, il vous craint, il vous aime,
Et me croit nécessaire à son bonheur extrême ;
Je cherchois ce moment pour montrer à vos yeux
Ce que peut la douleur sur un cœur vertueux.
Sur quoi doit-il compter ?

### I S M E N E.

                    Sur le cœur le plus tendre
Qui fera son plaisir de le voir, de l'entendre,
De pardonner ses torts, d'aimer sincérement ;
Mais qui me répondra que le lien soit constant ?

### C A M I L L E.

Sa crainte, ses remords, son repentir sincere,
Sur son affreuse erreur, la raison qui l'éclaire ;
D'une femme sans mœurs, le joug trop rigoureux ;
De votre cœur blessé le pardon généreux ;
Du vice qu'il suivoit, le mépris & la haine ;
Du bien qu'il va trouver, la précieuse chaîne ;
Pour le prouver enfin que vous faut-il de plus
Que le concours heureux de toutes les vertus ?

### I S M E N E.

Que cet efpoir me charme ! oui, ma vive tendreffe
M'entraînoit au plaifir de m'y livrer fans ceffe :
Je vous ouvre mon cœur, mais il mérite auffi
D'être fur un feul point pleinement éclairci.
Lucile eft votre amie, on approuvoit en elle
Ses foins à ménager une union fi belle.
Qui peut donc aujourd'hui vous avoir fait changer ?

### C A M I L L E.

Son caractere noir & fon efprit léger ;
J'ai d'ailleurs dans ces lieux parlé contre moi-même,
Car, malgré mes confeils & ma réferve extrême,
Je traîne en ce féjour tout le poids rigoureux
De l'afcendant vainqueur d'un penchant malheureux,
Un funefte lien qu'aucun tourment n'égale,
J'aime Valere, enfin : Lucile eft ma rivale.

### I S M E N E.

Victime ainfi que moi d'un amour incertain,
Eh quoi ! nous partageons un fi cruel deftin ;
L'amour dans nos malheurs mit trop de reffemblance
Pour n'en pas efpérer la même récompenfe ;
J'ai ce preffentiment, mon cœur me le promet,
L'amour va réparer le mal qu'il nous a fait.

### C A M I L L E.

Si je n'ai que l'horreur de trouver ce que j'aime,
Infenfible à mes feux, je pars à l'inftant même.

## SCENE X.

### CAMILLE, ISMENE, VALERE.

**VALERE**, *qui a écouté.*

Vous ne partirez pas, il est aimé de vous,
Que peut-il espérer désormais de plus doux ?
Tendre Marquise, enfin vous m'êtes donc rendue ;
Par quel heureux hasard, dans ces lieux parvenue,
Venez-vous y chercher le plus perfide amant,
Et d'état & de nom ce feint déguisement ?
Est-ce un nouvel effet de l'amour le plus tendre ?

**CAMILLE.**

Et quel autre motif me l'eût fait entreprendr.

**VALERE.**

Quel bonheur inoui !

**CAMILLE.**

Vous n'aimerez que moi.

**VALERE.**

Oui, je vous le promets, oui, de toute autre loi
Me voilà libre enfin.

**CAMILLE.**

Cette chere Lucile,
Vous allez l'oublier.

**VALERE.**

C'est un roseau fragile

Qui fait fe replier.

### CAMILLE.

Vous fûtes fon amant.

### VALERE.

Mais je ne le fuis plus, & fon cœur inconftant
Ne m'a que trop appris quelle eft la différence
D'être aimé tendrement d'une femme qui penfe.
Un amant bien plus digne a depuis quelques jours
Captivé fes defirs, il lui plaira toujours.
J'ai mon congé d'ailleurs, & déformais fur elle
Je n'ai plus aucun droit aux yeux de l'infidelle.

### CAMILLE.

Elle m'a pourtant dit fi je voulois l'en croire.

### VALERE.

Sa vanité, fans doute, aura fait une hiftoire
Dont je veux dévoiler l'exacte vérité ;
Je fais la pénétrer, & ma fincérité
M'a toujours fait honneur, après divers ufages,
Et de fon repentir différents témoignages ;
Je la vis chez fa tante, avec un ton fort doux
Elle me demanda fi mon amour pour vous
Depuis quatre ou cinq ans étoit toujours le même.
Comme je m'obfervois avec un foin extrême,
Je répondis que non ; la volage à l'inftant
Fit deux éclats de rire & s'enfuit en fautant.

### CAMILLE.

Fuyez-la, cher Valere, & craignez fon adreffe,
Son efprit, fa figure ; une feinte foibleffe
Pourroit vous engager par de nouveaux ferments.

### VALERE.

Vous faites trop d'honneur à fes engagements.
Je le vois bien, Madame, il faut pour fatisfaire
Un cœur tel que le vôtre, une preuve plus claire,

Sûr de sa perfidie, à mon retour ici ;
Mais presque convaincu que peut-être aujourd'hui
Elle voudroit encor réparer son caprice,
J'en ai secrétement prévenu l'artifice,
Sous le nom d'un Baron, mon Laquais déguisé,
A paru dans ces lieux sous ce nom supposé.
Je lui fis sa leçon : rempli d'intelligence
Il a joué ce rôle avec de l'assurance ;
Il aborde Lucile, & lui jure cent fois
Que son bonheur dépend de vivre sous ses loix.

### C A M I L L E.

Quoi ! vous osez penser qu'ainsi dans l'aventure !

### V A L E R E.

C'est un fait très-constant, c'est la vérité pure.

### C A M I L L E.

Quoi ! ce Baron brillant, cet amant séducteur
Dont Lucile est éprise, est donc un imposteur ?

### V A L E R E.

Oui, ce n'est qu'un valet, ce faux Baron la presse,
Et peint si vivement l'excès de sa tendresse,
Qu'il en ose exiger le tribut d'un retour,
Qu'on doit à sa naissance ainsi qu'à son amour ;
Dans ses mains aussi-tôt la perfide confie
Les lettres des amants qu'elle lui sacrifie,

( Il donne son portrait. )

Leurs présents, leurs portraits, & le Comte est compris

[ Et celui du Comte. ]

Dans le rang malheureux de ces amants trahis ;
Lui-même m'éclairant enfin sur mon injure,
A causé mes remords, & vous rend un parjure,

Qui veut brûler pour vous des feux les plus conſtants.
Voilà le mien auſſi, dans un plus heureux temps,
Je vous l'ai préſenté.

### C A M I L L E.

Je le reçois, Valere,
Avec un ſentiment qui n'eſt point ordinaire,
Et vous offre ma main pour finir à jamais
Toute cauſe entre nous de plainte & de procès.

### V A L E R E.

J'eſtime ce préſent bien plus qu'une couronne,
Puiſque c'eſt votre cœur enfin qui me le donne.

### C A M I L L E, *donnant le portrait du Comte à Iſmene.*

Chere Iſmene , je vais auſſi vous en faire un ,
Il faut qu'un même ſort & qu'un bonheur commun
Nous uniſſe aujourd'hui. Ce n'eſt que la copie
D'un amant qui déjà vous aime à la folie ;
Mais lui-même bientôt doit venir en ces lieux
Confirmer mon ouvrage & couronner vos vœux.

### V A L E R E.

Iſmene a cet amant.

### C A M I L L E.

Qu'elle aima ſans foibleſſe ,
Enlevé par Lucile à ſa vive tendreſſe ;
Mais que l'amour confus du vol qu'il avoit fait,
Commence à réparer par cet heureux bienfait.

### V A L E R E.

Quoi ! le Comte pourroit abandonner Lucile,
Pour éviter ſa honte elle n'a plus d'aſyle.
Que j'en ſuis enchanté ! quoiqu'il fut mon rival,
Pourrois-je en vous voyant lui deſirer du mal ?

### I S M E N E.

Ah ! vous auriez grand tort, il eſt trop incapable
De mauvais procédés, & ce jour favorable
Ne doit être employé qu'à jouir de la paix
Que nos cœurs alarmés retrouvent pour jamais.

### C A M I L L E.

Pour remplir nos projets, le Comte ici s'avance,
Il a l'air pénétré.

---

# S C E N E   X I.

## LE COMTE, CAMILLE, ISMENE, VALERE.

### I S M E N E.

Q u e je crains ſa préſence !
Son embarras me flatte.

### L E   C O M T E.

Avec quelle noirçeur
J'empoiſonnai ſes jours !

### I S M E N E.

Avec quelle douçeur
Je l'en vois repentir !

### L E   C O M T E.

Permettez-vous, Madame,
Que je paroiſſe encor ?

### C A M I L L E.

Soulagez donc ſon ame.…

Mais que décidez-vous ?

ISMENE *tenant le portrait du Comte, qu'il ne croyoit pas être le sien.*

D'avoir pour cet objet
Tout l'amour qu'il inspire, à voir son seul portrait.

### LE COMTE.

Vous avez bien raison, oui, ce rival mérite
Trop bien de vous toucher, pour qu'on vous sollicite
En faveur d'un ingrat qui vous aime pourtant
Bien long temps avant lui, beaucoup plus tendrement ;
Mais qui n'ose espérer que votre cœur, Ismene,
Réponde à tant d'amour.

### CAMILLE.

Finissez donc sa peine
C'est trop le tourmenter.

### ISMENE, *en montrant le portrait.*

Jetez ici les yeux,
Voyez si j'ai raison.

### LE COMTE.

Quelle surprise ! ô Dieu !
Comment ? c'est mon portrait.

### ISMENE.

Oui vraiment, c'est lui-même
Que Lucile aujourd'hui, par un caprice extrême,
Sacrifie à l'instant.

### LE COMTE.

Sans doute à vous, Monsieur ?

### VALERE.

Oh ! non, en vérité, vous êtes dans l'erreur.

C'eft par Monfieur Pafquin que l'on nous humilie,
Oui, c'eft à mon valet que l'on nous facrifie,
Car j'ai le mien auffi.

### LE COMTE.

Le tour eft raviffant.

### VALERE.

Il a fallu céder à ce nouvel amant;
Ce n'étoit pas affez de tous ces facrifices,
Il eft à fes genoux fous de brillants aufpices.

### LE COMTE.

Nous fommes bien heureux.

### VALERE.

Je le fuis d'autant mieux,
Que je retrouve un bien qui m'étoit précieux.
Vous voyez dans Camille une tendre Marquife,
Qu'à me joindre en ces lieux l'amour feul autorife,
Son cœur toujours conduit par la même bonté,
Signale dans ce jour fa générofité
En me donnant la main.

### LE COMTE.

Ah! quel heureux préfage!
Madame, c'eft par vous que j'échappe au naufrage.
Que de remerciements pour un pareil bonheur!

### CAMILLE.

Je vous l'avois promis, qu'au gré de votre cœur,
Vos peines prendroient fin, & pour que de Lucile
La fotte vanité nous laiffe enfin tranquille,
Imitez mon exemple, affurez votre fort.

#### I S M E N E.

Quoi! vous me conseillez

#### C A M I L L E.

Ce généreux effort;
Me refuserez-vous ?

#### I S M E N E.

Il faut bien y souscrire,
Tenez donc mon cher Comte, est-ce assez vous en dire

#### L E  C O M T E.

Ismene, ah! que de biens rassemblés dans un jour,
L'hymen le plus flatteur présenté par l'amour,
Tous vos ressentiments que votre cœur immole!

#### I S M E N E.

Hélas! qu'avec plaisir notre courroux s'envole,
Quand le cœur est épris, je vous aimai toujours;
Lorsque Lucile enfin eut dérangé le cours
De nos premiers soupirs, j'affectois un courage
D'autant plus rigoureux, que pliant sous l'orage,
Il falloit déguiser ma peine à tous les yeux.

## SCENE XII.

### LUCILE, LE COMTE, VALERE, ISMENE, CAMILLE.

LUCILE, *venant avec Pasquin.*

LEUR raccommodement, ma foi, n'est plus douteux,
Monsieur le Comte, enfin voilà votre paix faite.

LE COMTE.

Vous m'en voyez comblé.

LUCILE.

   Ma joie est bien parfaite,
Vous allez tous les deux pousser de beaux soupirs,
Et faire un beau roman de vos tristes plaisirs.
Camille, qui l'eût cru ? le Comte est un volage,
Lorsque l'on n'en veut plus, Ismene le rengage ;
Ah ! ce trait me ravit, Madame, en vérité,
Votre cœur aujourd'hui doit être bien flatté.
C'est un beau jour pour lui.

ISMENE.

   Mais vraiment je le compte
Au nombre des heureux.

LUCILE.

   Ah ! que vous êtes prompte,
A prendre les amants quand ils sont méprisés !
A nous manquer dans peu, vous les autorisez.
Le pauvre Comte, hélas ! sa peine étoit certaine,
S'il n'avoit rencontré la généreuse Ismene.

VALERE.

### VALERE.

Quel fond d'impertinence !

### LUCILE.

                      Et vous, Monsieur, auffi ;
Dites-moi, s'il vous plaît, qui vous ramene ici ?

### VALERE.

Peut-on le demander ? C'eft mon amour extrême,
Pour un objet charmant, que j'adore, & qui m'aime.
Quand on vient pour donner & fon cœur & fa foi,
Que l'on porte aifément fon excufe avec foi !

### LUCILE.

Vous avez dû fentir, dans mon dernier voyage,
Que je vous interdis déformais ce langage ;
Vous m'arrachez l'aveu le plus cruel pour vous,
Mais vous le méritez, vous êtes trop jaloux.

### VALERE.

Quoi ! je ferois jaloux ! de qui pourrois-je l'être ?
De cinq ou fix amants, de mon valet, d'un traître,
Qui, fous le nom trompeur d'un Baron étranger,
A trouvé votre cœur, fi facile à changer.

### LUCILE.

Quel reproche !

### PASQUIN.

Ahi, ahi, ahi.

### VALERE.

                      Il eft très-légitime,
Les Lettres, les Portraits confirment votre crime.

### LUCILE.

De qui les tenez-vous ?

### VALERE.

Eh ! vraiment du Baron,
Ou plutôt de Pasquin, envoyé sous ce nom ;
Pour moi, dont le cœur pur, & de vice incapable,
Vouloit pour vous quitter que vous fussiez coupable.

### LUCILE, *à Pasquin.*

Quoi ! maraut, sous cet air simple & de bonne foi,
Vous osiez donc ici vous divertir de moi ?

### PASQUIN.

Oui, pour vous démasquer, & pour guérir mon maître,
Mon zele & mon devoir ont pu tout me permettre,
Jouer qui nous jouoit, tromper qui nous trahit,
Cette œuvre est méritoire & chacun l'applaudit.

### LUCILE.

Je suis au désespoir.... quoi ! Valere, c'est vous
Qui me jouez ce tour !

### VALERE.

Modérez ce courroux,
C'est vous seule plutôt ; votre heureux caractere
A suivi son penchant pour le tendre mystere ;
Il est approfondi, vous l'avez bien voulu,
C'est votre orgueil enfin qui reste confondu.

### LUCILE.

Vous m'abandonneriez ?

### VALERE.

Madame, je le jure,
Vous m'êtes désormais même affreuse en peinture.

Voilà vôtre portrait.

LUCILE.

Quoi ! cet air enchanteur
A perdu tous les droits qu'il eut fur votre cœur ?

VALERE.

C'en eft fait pour toujours.

LUCILE.

Moi, ceffer de vous plaire,
Vous le dites en vain ! vous, m'oublier, Valere ?
Cela ne fe peut pas : ces yeux, qu'en penfez-vous ?

VALERE.

Que vos defirs coquets ont épuifé leurs coups.

LUCILE.

Cette bouche ?

VALERE.

Qu'étant livrée à l'impofture,
Le menfonge a flétri ce don de la nature ;
Et qu'enfin ces attraits qui flattent votre orgueil,
Doivent être évités comme on fuit un écueil.

LUCILE.

Oh ! le plaifant dépit : fans doute la Marquife
Vous occupe toujours ?

VALERE.

N'en foyez pas furprife,
En mettant fous vos yeux un objet fi charmant,
L'on peut bien avouer ce jufte fentiment.

LUCILE, *étonnée.*

Vous êtes la Marquise !

CAMILLE.

En ces lieux déguisée,
Pour tirer bon parti de votre flamme usée ;
Vous ne l'ignorez pas, bien long-temps avant vous
J'avois sur lui des droits : le retour le plus doux
Récompense aujourd'hui la foi la plus constante.
L'hymen va nous unir, soyez moins imprudente,
Si vous voulez encor fixer un seul amant,
Le cœur est moins flatté, mais il est plus content.
Adieu, rare beauté, j'étois un peu boîteuse,
Mais l'amour me rend droite, & sur-tout fort heureuse.

LUCILE.

Le traître de Pasquin.

ISMENE, *à Lucile.*

Votre confusion
A droit d'intéresser, & j'ai le cœur si bon
Que j'en verse des pleurs. Si le bonheur se fonde
Sur ce flatteur plaisir, les plus beaux yeux du monde
Vont en répandre encor.

---

## SCENE XIII.

### LUCILE, *seule.*

JE perds tout dans un jour,
L'estime du public, mon amant sans retour ;
Et je l'adore hélas ! suis-je assez confondue ?
Esprit vain & coquet, c'est toi qui m'a perdue.
Et vous, sexe charmant, mais encor plus trompeur,
Qui vous glorifiez d'un encens suborneur,
Que mon exemple enfin, puisse au moins vous instruire
Que ce léger tribut, qui sait trop vous séduire,
N'est qu'un poison fatal, n'est qu'un piege de plus
Pour corrompre les cœurs & flétrir les vertus.

---

## COUPLET.

LA constance est une chimere
Comme chaque saison ma flamme est passagere,
La rose brille & seche en même jour,
L'émail des prés tous les ans renouvelle,
La feuille tombe & renaît tour-à-tour,
La beauté la plus rare est fragile & mortelle,
Qu'auroit fait aux Dieux mon amour,
Pour se trouver doué d'une ardeur éternelle !

### *FIN.*

# APPROBATION.

J'AI lu, par ordre de M. le Lieutenant-Général de Police, *la Coquette punie*, Comédie en un Acte, & je n'y ai rien trouvé qui puisse en empêcher l'impression. A Paris, le 24 Novembre 1778. SUARD.

*Vu l'approbation, permis d'imprimer à Paris, ce 25 Novembre* 1778, LE NOIR.

De l'Imprimerie de L. JORRY, rue de la Huchette.